Edition : Books on Demand,
12/14 rond-Point des Champs-Elysées, 75008 Paris
Impression : BoD - Books on Demand, Norderstedt, Allemagne
ISBN : 9782322233281
Dépôt légal : mars 2021

Le parfum des pins

Nouvelle

Le parfum des pins

C'était une de ces soirées d'octobre, lorsque le soleil n'est pas encore totalement couché et que le ciel est légèrement rosé. Lorsque le vent est frais sans, pour autant, être glacial et qu'il vous transperce les poumons, comme si chaque bouffée d'air vous faisait renaître, encore et encore. Sybille gardait les yeux fermés. Comme si cet instant allait être le dernier. Et c'est ce qu'il serait. Car elle l'avait tout simplement prévu comme ça. Ses autres sens en alerte, elle écoutait la vie qui continuait autour d'elle. Elle sentait des odeurs auxquelles elle n'avait peut-être jamais prêté attention, avant. Mais, avant quoi ? Avant que la vie ne s'arrête. *Avant que ma vie ne s'arrête.* Sybille avait toujours cru qu'avant la mort, elle verrait des images de sa vie défiler devant ses yeux. *Peut-être faut-il que je les ouvre ?* Non, le spectacle n'était pas très beau à voir. Des files de bitume, personne ne trouve ça joli. Elle préférait les garder clos. Elle pensait à Hugo. Elle ne pensait qu'à lui. Dans sa tête, c'étaient lui et ses rires, lui et ses sourires, ses gazouillis, ses petits gestes involontaires et rigolos qui laissaient parfois penser à des insultes, ces bercements qui duraient, enlacés l'un contre l'autre, ces berceuses qu'elle inventait et qu'elle lui chantait doucement à l'oreille. C'était son visage si parfait. Ses yeux bleu marine, son petit nez retroussé, sa bouche en forme de cœur et ses joues toutes rondes. C'était ce qu'elle tentait de garder à l'esprit. Car, bien souvent, c'étaient les images les plus dures qui lui venaient automatiquement. Hugo les yeux fermés, dans son siège retourné. Hugo ailleurs. Hugo parti. C'était une véritable torture mentale, torture du cœur. Sybille enjamba la rambarde, bien décidée à ne plus devoir souffrir ni subir cette vie dont elle n'a pas voulu. Quelques voitures klaxonnaient mais elle n'y prêtait pas attention. C'était sa décision, pas la leur. Elle tendit un pied pour se rendre compte du vide, se mesurer à lui, l'affronter. Ce sentiment étrange de fin, elle le ressentait jusqu'au plus profond d'elle-même. Elle se sentait à la fois petite et puissante. Le corps à moitié dans le vide, son sentiment de liberté et de paix tant désiré l'emplissait pleinement. Son âme n'était qu'à deux doigts de retrouver celle de son enfant.

-Tu ne feras pas ça.

Sybille poussa un cri et manqua de tomber. Certes, c'était son but mais, pas de cette manière. Elle préférait le faire volontairement. Elle se retourna, prête à faire face à un inconnu décidé à la sauver sans son accord, mais ne vit personne. *C'est pas possible, je deviens folle. Décidément, je n'ai vraiment rien de bon à retenir de ce maudit passage sur terre.*

-Bien sûr que si.

Sybille enjamba la rambarde dans l'autre sens et se rua sur le trottoir.

-Qui a dit ça ? Vous allez me foutre la paix, oui ?

La question, ou plutôt, l'ordre, resta sans réponse. La jeune femme se dirigea vers la barrière. Cette fois, elle était bien décidée à ne pas se laisser distraire. Elle leva la jambe droite lorsqu'une grosse rafale de vent la fit vaciller vers l'arrière.

-N'as-tu pas encore compris que je ne te laisserai pas faire ?

-Mais, qui a dit ça ? Où êtes-vous ?

-Je suis invisible pour l'homme. Mais, moi, je peux te voir.

-Oui, c'est ça, Messmer le magicien. J'ai autre chose à faire, pour l'instant. Laissez-moi tranquille !

-Reconnaître son impuissance face à la fatalité, c'est lâcher prise. Parfois, il faut savoir accepter ce qui vient, accepter ce qui s'en va.

Sybille, furieuse, fit quelques pas en arrière. Décidément, ce bon Samaritain semblait doué à cache-cache. Elle s'approcha d'une poubelle de rue, la seule chose susceptible de cacher un homme ici, mais à sa grande surprise, cette dernière ne contenait que du plastique et quelques résidus alimentaires.

-Comment osez-vous parler de ce que vous ne savez pas ? Accepter ce qui s'en va ? Je rêve… Jamais au grand jamais je n'accepterai la mort de mon bébé ! Vous m'entendez ? Jamais !

Sybille se laissa tomber sur le sol et éclata en sanglots. Pleurer, voilà la seule chose qu'elle ne se permettait jamais de faire en journée. Elle se contenait pour le soir, lorsqu'elle retrouvait son lit. Mais, aujourd'hui, alors qu'elle espérait rejoindre son fils, quelque chose l'en avait empêchée. Était-ce uniquement de la faute de cet homme invisible ? Sybille se releva tant bien que mal et regagna sa voiture, garée à une vingtaine de mètres du pont. Elle décida de revenir le lendemain. Les émotions ont pris le dessus, cette fois-ci.

Sur la route pour la maison, Sybille repensa à cet homme qui l'avait empêchée de passer à l'acte. Elle n'avait pas rêvé, elle était persuadée d'avoir entendu quelqu'un parler. Elle chassa ses pensées d'un revers de la main, comme si elles pouvaient physiquement disparaître. Rentrer chez elle, elle n'en n'avait aucune envie. Surtout depuis que son « chez elle » est devenu « chez maman ». Tout a changé depuis la mort d'Hugo. Stephan n'a pas su supporter cette vie et cette tristesse quotidienne aux côtés de sa compagne et est parti se réfugier dans les forêts du Canada. Sybille s'est retrouvée seule, du jour au lendemain. A pleurer la perte de son petit, à maudire la disparition de son conjoint. Elle ne s'est plus présentée à son travail d'employée de bureau pour une compagnie d'avocats véreux. Et elle a fini par perdre son boulot. N'ayant plus les moyens de payer son loyer, elle a perdu son appartement, également. Ce qui la obligée à retourner chez sa mère, Brielle. Elle ne trouvait sa place nulle part. Même sa mère, aussi aimante fût-elle, était incapable de la soulager. Mais elle n'avait pas d'autre endroit où se rendre. Prendre le volant était déjà un très gros effort. Reprendre la route après l'accident avait été une véritable épreuve. C'était revivre la scène, c'était se retourner sans cesse vers la banquette arrière avec cette angoisse de revoir son petit Hugo sans vie. Elle n'a pas eu trop le choix. Sa mère vivant en pleine campagne et, le village ne comptant que deux bus par jour, le moindre déplacement ne pouvait se faire qu'avec une voiture. Arrivée dans la rue des Arbustes, nom qu'elle avait toujours trouvé ridicule, d'autant plus qu'il n'y avait aucun arbuste, la petite Micra bleue se gara au numéro 76. Une petite maisonnette blanche aux volets foncés, décorée d'un lierre montant peu entretenu. Voire, pas du tout. C'était la maison familiale. Sybille y avait passé toute son enfance, entourée de sa mère et de sa sœur, Joséphine. Leur père étant à l'armée, il avait préféré rester vivre en Afrique, où il avait probablement rencontré une autre femme et ne communiquait avec ses filles qu'une fois semaine, par téléphone.

Brielle accueillit sa fille le plus chaleureusement possible, la serrant dans ses bras.

-Bonjour, trésor. Ta promenade t'a fait du bien ?

-Non.

-Oh… Ce soir, je prépare des tacos. Soirée mexicaine comme on les aimait avec ta sœur.

-C'est gentil, maman. Mais, je n'ai pas faim.

-Sybille, ça fait trois mois que tu ne manges plus…

-Je n'en n'ai plus l'envie. Tu peux comprendre ça, maman ? Je n'ai plus envie de manger, je n'ai plus envie de dormir, je n'ai plus envie de sourire, je n'ai plus envie de parler, je n'ai plus envie de vivre. Tu peux comprendre ça, maman ?

Brielle ne savait plus quoi répondre. Comment en vouloir à sa fille ? Elle qui vivait le pire. Et, qui, malgré tout, restait là, debout.

-Je t'aime, ma grande. Ne l'oublie jamais.

Sybille ferma les yeux et se rendit dans sa chambre. Elle aussi, elle aimait sa mère. Elle n'arrivait tout simplement plus à le lui dire. D'ailleurs, elle ne s'imaginait pas pouvoir le dire à qui que ce soit. *À toi, si. Je t'aime mon ange…* Elle s'installa à son bureau lorsqu'un message venu de nulle part apparut sur l'écran de son ordinateur.

Si tu savais le don de Dieu

Et ce que c'est que le ciel !

Si tu pouvais d'ici entendre le chant

Des bienheureux et me voir au milieu d'eux !

Sybille fronça les sourcils et en accusa sa mère de vouloir faire de son mieux. Comment en vouloir à sa maman ? Lorsque celle-ci écoute, épaule, soulage et reste debout, malgré tout. Elle lut à nouveau les quatre petites phrases. Les larmes montaient. Elle voulait se contenir, estimant qu'elle avait suffisamment pleuré aujourd'hui, mais ses joues furent rapidement noyées par le chagrin. *Mon ange, dis-moi que tu es heureux, là où tu es. Dis-moi qu'on te traite bien, qu'on te berce, qu'on te cajole, qu'on t'aime comme il se doit. Dis-moi que tu n'es pas seul, que tu n'es pas triste, que je ne te manque pas. Dis-moi que tu t'amuses avec des petits copains, que le temps ne te paraît pas long, que tout est beau autour de toi. Dis-moi que tu es heureux, là-haut et que tu es fier de moi… Dis-moi que tu m'aimes, mon ange…*

-Bien sûr qu'il t'aime.

-Merci. Hein ? Quoi ? Maman, c'est toi ?

-Là où il est, il n'y a pas de notion de temps. Il vit dans l'amour, c'est l'humain qui se rend compte du temps. Pas lui. Pas là où il est. Il t'attend, avec amour, dans l'amour et il sait qu'il te retrouvera.

Sybille resta figée, les yeux presque sortis de leur orbite et la bouche exagérément ouverte. Elle n'en revenait pas. Il était absolument impossible qu'un homme se soit infiltré dans sa chambre. Elle l'aurait vu. Par acquis de conscience, elle décida tout de même de vérifier. Elle attrapa la première chose qui lui vint sous la main, une tong, et se dirigea vers son placard. A première vue, les portes en lattes de bois ne semblaient pas avoir été ouvertes. Mais, c'est bien connu, les cambrioleurs ont toujours plus d'un tour dans leur sac. Elle ouvrit violement le placard. Quelques cintres tombèrent par terre. Il était vide de vie. Elle regarda sous son lit, même constat. Pas d'autre endroit susceptible de cacher un homme entier, ici. Elle se coucha sur le lit, le visage entre les mains. *Il faut que je me repose. Maman a raison, je ne dors plus. Je commence à entendre des voix. Ce doit être des hallucinations causées par mon manque de sommeil. C'est plausible. Ça existe. Je l'ai lu quelque part.* Sybille décréta que ce n'était tout simplement pas sa journée et rejoignit sa mère à la cuisine.

-Allez, donne-moi un petit morceau. Après, je vais me coucher. Je crois que j'en ressens le besoin.

Sans ajouter le moindre mot, Brielle proposa une assiette à sa fille, soulagée qu'elle ne se laisse pas complètement aller. Elle ne discutèrent pas de la soirée, le silence suffisait. C'était un silence agréable, nécessaire. Plus tard, Brielle enlaça tendrement la jeune femme et chacune regagna son lit respectif.

Pour la première fois depuis trois mois, Sybille avait apprécié ce moment en tête-à-tête avec sa mère. Elle savait combien sa maman prenait sur elle. Et, elle lui était reconnaissante de ne pas trop dévoiler ses sentiments, ses émotions. Sybille avait besoin d'un pilier et Brielle jouait ce rôle merveilleusement bien.

…

Il était presque onze heures du matin quand Sybille émergea d'un sommeil bien profond. *Onze heures ? Depuis quand j'ai pas dormi autant ?* Jusqu'à présent, ses nuits ne ressemblaient en rien à cette nuit-ci. Pendant sa grossesse, elle ne dormait pas beaucoup. Hugo prenait beaucoup de place et semblait éprouver un plaisir presque sadique à réveiller sa mère en faisant sa gymnastique aquatique de la nuit. À sa naissance, Hugo était un bébé très calme. Les nuits se sont directement bien passées, sans trop de coupures mais elles étaient courtes. Si bien que Sybille n'avait toujours pas rattrapé ses heures de sommeil perdues. Et puis, il y a eu l'accident. Après ça, plus aucune nuit ne pouvait mériter ce nom de nuit. Car, pour Sybille, tout se mélangeait. Elle dormait deux heures la journée, trente minutes la nuit, se réveillait en sueur puis pleurait quatre heures. Puis, elle tombait endormie de fatigue. Elle avait perdu toute notion de temps, était incapable de citer le jour de la semaine dans lequel elle se trouvait et pouvait se rendre au petit magasin du village à quatre heures du matin, pensant être en soirée. Mais, tout ça, c'était le cadet de ses soucis. A vrai dire, elle n'y réfléchissait même pas. Tout ce qu'elle souhaitait, elle, c'était se réveiller de ce cauchemar infernal et de retrouver son fils.

-Chérie, je ne voulais pas te réveiller, ce matin. Mais, pendant que tu dormais, Stephan a appelé.

-Stephan ? Qu'est-ce qu'il voulait ?

-Je ne sais pas trop. Il est dans le coin, apparemment. Et il aurait voulu te voir pour discuter.

-Discuter ? Discuter de quoi ? Ah ! Salut, gros lâche ! Alors, elle te plaît ta nouvelle vie ? Loin de moi, loin de nous ? Tu veux savoir comment va la mienne ? Oh, c'est simple, je suis morte en même temps que mon fils !

-Sybille… Chaque personne réagit différemment devant l'impensable. La fuite a sans doute été, pour lui…

-La fuite ? Mais, je suis sa femme. La mère de son enfant. Notre bébé nous est enlevé et au lieu de rester, il préfère m'achever en quittant tout. Qu'il discute tout seul. Je n'ai plus rien à lui dire.

-Je pense que tu devrais quand même lui laisser…

-Avec tout le respect que je te dois, pense ce que tu veux, maman.

Une heure plus tard, Sybille se retrouva dans la petite Micra, à chercher après un café nommé « L'instant présent ». Il en a avait fallu peu à Brielle pour convaincre sa fille d'accepter le rendez-vous de son ex-compagnon. Sans doute était-ce surtout parce que Sybille préférait éviter les situations de conflits. Le café se trouvait le long d'une large avenue composée de boutiques en tout genre. Sybille se gara devant l'enseigne. Elle attendit quelques minutes avant de sortir de la voiture. Qu'allait-elle bien pourvoir lui dire ? Qu'allaient-ils se raconter ? Elle n'avait aucune envie de revoir Stephan. Elle lui en voulait. Et, sans se l'avouer, elle s'en voulait, à elle aussi. Elle monta les quatre marches et ouvrit la porte du café. La sonnette retentit et elle repéra rapidement Stephan. Celui-ci se leva de sa chaise et lui tira la sienne.

-Ça fait plaisir de te voir…

Sybille évita de justesse l'accolade et s'assit sans répondre. La tension était palpable. Qu'est-ce qu'elle faisait là ?

-Comment vas-tu ?

Tout à coup, Sybille se leva, sauta sur la table et lui arracha les cheveux. Elle lui hurlait dans les oreilles qu'elle le détestait pour l'avoir laissée tomber, pour s'être enfui, pour ne pas avoir pris son rôle de fiancé. Ensuite, elle attrapa une fourchette et l'assainit de coups. Puis, elle sortit de ses pensées obscures lorsque Stephan l'interpella pour la seconde fois.

-Sybille ? Tu m'entends ? Tu es ailleurs, tu dois être fatiguée...

-Ça va.

-Je vois. Ta mère a l'air en forme, en tout cas...

-Elle a perdu dix kilos. Elle tient le coup, pas le choix. Si elle sombre, je sombre.

-Sybille, je suis désolé...

-Oh, je t'en prie, épargne-moi tes artifices ! Tu t'es barré, un point c'est tout.

-Je ne venais pas pour une confrontation, mais bon...

-Alors pourquoi es-tu venu ?

-Pour te demander de venir avec moi.

-Où ça ? Au Canada ? Avec toi ? Et tu fais quoi de notre vie, ici ?

-Sybille, on n'a plus de vie, ici...

-Si, j'ai mes souvenirs. On a nos souvenirs.

-Et on les a dans nos cœurs. À quoi ça sert de rester dans le passé ?

-Alors c'est pour ça que tu es parti ? Pour ne plus être dans le passé ? Sauf que dans ton passé, tu as laissé ta femme et ton fils !

-Notre fils est mort, Sybille !

Ces mots résonnèrent dans l'esprit de la jeune femme comme une grosse migraine qui débarque d'un seul coup et ne veut pas se calmer. Puis, ils atteignirent son cœur et le brisèrent en petits morceaux. Certains clients les regardaient, désormais. C'en était trop pour Sybille qui préféra quitter le café et regagner sa voiture. Stephan était resté assis, persuadé que sa femme se calmerait et reviendrait. Mais elle ne revint pas.

Sybille roulait vite sur l'autoroute. Elle n'avait aucune idée d'où elle allait. Elle voulait juste partir loin. Et oublier ces trois minutes inutiles et douloureuses passées à « L'instant présent ». Énervée, Sybille frappa sur son klaxon et cria de toutes ses forces. Plusieurs voitures lui répondirent à coups de klaxon, pensant, probablement, qu'elle s'amusait et chantait dans son auto. Pourquoi fallait-il que Stephan revienne ? *S'il n'était pas parti, les choses seraient différentes. Mais il est parti. Alors pourquoi revenir, maintenant ? Je m'en fous de ses excuses à deux balles... Il m'a abandonnée alors que je mourrais à petit feu.*

-Mais tu es en vie.

-Oh, ferme-la, Messmer ! Bon sang, j'ai dormi jusque 11 heures. Pourquoi est-ce que je t'entends encore ?

Sybille prit la première sortie à droite, sur les bois de pins. Sans chercher à y aller, elle était arrivée dans un endroit qu'elle adorait, enfant. Son père avait l'habitude de l'emmener promener et leur endroit préféré était ce bois. Il y avait une centaine d'arbres différents, peut-être même plus. Mais, ceux qui la fascinaient le plus étaient les pins. Ces arbres gigantesques, au tronc long et fin, dépourvu de branches jusqu'à une bonne dizaine de mètres. Après, sur les hauteurs, les arbres formaient de grosses boules vertes. Comme si chaque branche pouvait supporter une dizaine de nids. Elle s'était toujours demandé si il y avait vraiment des nids dans ces arbres, les feuilles n'étant pas des feuilles mais bien des aiguilles. Petite, elle s'imaginait qu'ils n'étaient pas assez confortables pour accueillir des familles d'oiseaux. Elle gara sa voiture au bord de la forêt. Puis, elle s'engouffra à pied dans la verdure.

L'odeur des pins. Voilà la première chose qui lui remonta de lointains souvenirs. Avec Joséphine, sa grande sœur d'un an seulement, elles s'amusaient à construire des hamacs d'arbre en arbre. Les pins ayant des branches bien trop hautes que pour les atteindre, elles ne pouvaient y construire des cabanes mais, les hamacs, c'était facile, simple et rapide de construction. Elles pouvaient y rester des heures. D'ailleurs, elles s'y endormaient, parfois, lorsque leur père allait couper du bois, un peu plus loin.

Sybille caressa les arbres et admira la beauté de la forêt, immense face à elle. Les rayons du soleil se frayaient un chemin à travers les arbres, les arbustes et les branches, ce qui créait un jeu de lumière absolument extraordinaire. Elle s'était jurée d'emmener Hugo en forêt, lorsqu'il serait plus grand. Elle voulait qu'il connaisse cette communion avec la nature qu'elle avait toujours eue. Elle pensait que ça l'avait construite. Elle n'avait pas peur des petites bestioles, se fichait de se casser un ongle en ramassant des bûches, et respirait le meilleur air qu'il soit. Sa mère s'était d'ailleurs félicitée que sa petite dernière ne soit jamais tombée malade.

Sybille s'enfonça doucement dans les bois. Elle ne craignait pas de s'y perdre, elle les connaissait par cœur.

Après cinq minutes de marche, elle remarqua un vieil homme assis sur un tas de feuilles. Il semblait essoufflé.

-Monsieur, tout va bien ?

-Ah, vous tombez bien, ma petite dame... Je crois que je fais un infarctus.

-Mais depuis combien de temps êtes-vous là ?

-Ça, je ne sais plus...

-Allez, venez avec moi. Je vous emmène à l'hôpital.

Ils étaient seuls aux urgences, si bien que le vieillard fût quasiment pris tout de suite.

Sybille hésita à repartir mais elle préféra l'attendre. Une infirmière s'approcha avec un dossier.

-Vous êtes sa petite-fille ? J'aurais besoin de quelques renseignements concernant Monsieur.

-Non, je ne le connais pas. Je me promenais en forêt quand je l'ai trouvé essoufflé. Il pensait faire une crise cardiaque alors je l'ai emmené avec moi.

-Et vous avez bien fait. Monsieur a frôlé la mort. Vous êtes son ange gardien.

Sybille lui répondit par un sourire et on l'envoya au premier étage, chambre 117. Le vieil homme était allongé sur son lit et regardait par la fenêtre. Elle hésita avant de frapper mais, il la vit avant et lui fit signe d'entrer.

-Je vous remercie, vraiment.

-Oh, vous savez, c'est le hasard.

-Il n'y a jamais de hasard, ma petite dame. Dieu vous avait placé sur ma route.

-Sans doute…

Sybille ne croyait pas en Dieu. Ni en toute autre forme mystique, spirituelle ou peu importe le mot, elle n'y croyait pas, un point c'est tout. Elle estimait qu'il y avait tant d'horreur sur terre et, que, si Dieu existait, il ferait quelque chose pour tout ça. Or, rien ne changeait. Les meurtres persistaient ainsi que les viols, les pédophiles, les attentats, la famine,…

-Dieu n'est pas responsable de la bêtise humaine.

-C'est vous qui le dites…

-Comment dites-vous, ma petite dame ?

-Je ne préfère pas m'étendre sur la bêtise humaine.

-Je ne comprends pas… Je vous disais juste que Dieu vous avait placé sur ma route. Je lui en serai éternellement reconnaissant.

-Oh, excusez-moi, je suis un peu ailleurs, ces derniers temps.

Décidément, il débloque. Ça doit être l'infarctus. Puis, la vieillesse aussi.

-N'avez-vous pas de famille ? Quelqu'un à prévenir de votre situation ?

-Oh, non ma petite. Mon épouse est décédée il y a 26 ans, maintenant. Je n'ai pas eu la chance d'avoir une descendance. J'ai perdu le seul être que j'aimais. Aujourd'hui, je vis seul en attendant ma dernière heure. Profitez de votre jeunesse, faites des enfants et entourez-vous d'amour.

Si seulement…

...

-N'as-tu pas encore compris pourquoi je t'avais mis ce vieux monsieur sur ta route ?

-Mais, c'est pas vrai ! Messmer, le retour…

-Appelle-moi comme tu veux. Cet homme avait foi en la vie malgré tous les événements par lesquels il est passé.

Sybille décida de ne pas écouter la voix de la fatigue qui résonnait dans sa tête et mit la radio à plein volume. Francis Cabrel criait dans l'habitacle.

« …L'instant d'après le vent se déchaîne

Les heures s'allongent comme des semaines

Et tu te retrouves seule assise par terre

À bondir à chaque bruit de portière, mais

Ça continue encore et encore

C'est que le début d'accord, d'accord… »

Elle connaissait par cœur cette chanson. D'ailleurs, elle connaissait tout le répertoire de Cabrel. Elle avait grandi avec lui. Sa mère en était totalement fan et se débrouillait toujours pour se dénicher une place de concert pas trop chère. Après son divorce, Brielle ne s'était jamais remariée. Elle racontait qu'elle préférait attendre un homme portant le nom de Francis, comme son idole. Si bien qu'elle ne rencontra plus jamais aucun homme à la hauteur de ses espérances.

Le ciel commençait à s'assombrir lorsque Sybille arriva Rue des Arbustes. Sa mère était attelée à la cuisine, écoutant d'une oreille la télévision dans la pièce d'à côté.

-Pourquoi ne pas mettre une télévision ici ?

-Oh, non. Alors je passerais ma vie dans ma cuisine. Et j'estime déjà y passer bien trop de temps. Comment s'est passé ton rendez-vous ?

-Quel rendez-vous ?

-Tu n'allais pas voir Stephan, ce midi ?

-Ah, oui, c'est vrai. C'était inutile.

Brielle n'insista pas. Et Sybille regagna sa chambre. Elle s'allongea sur son lit et repensa à ce vieil homme qu'elle avait aidé. Si elle n'était pas arrivée à ce moment là, il serait sans doute mort à l'heure qu'il est. *Je ne lui ai même pas demandé son nom…* Puis, elle repensa à son rendez-vous avec Stephan qui n'avait servi à rien. *Et bien, s'il était venu du Canada uniquement pour ça, il doit être déçu. Cet échange était inutile. Le revoir m'a laissé des sentiments contradictoires. Quand je suis entrée dans le café et que je l'ai vu, j'ai eu l'impression de retomber amoureuse. C'était comme la première fois. Il y a dix ans. J'étais en dernière année de lycée, lui aussi, bien qu'il ait deux ans de plus que moi. J'avais été impressionnée par sa chevelure noire de jais qui retombait parfaitement sur ses épaules et qui épousait son visage dur et carré. Il avait le teint hâlé, j'ai directement pensé qu'il venait des îles, ça m'avait excitée. Ç'avait été le coup de foudre. Bien que je ne me trouvais rien d'extraordinaire, mes sentiments furent réciproques. Il avait flashé, lui aussi. Cependant, il avait décidé de me faire attendre, de me faire mariner comme il aimait bien dire, pendant environ deux ans et demi. Jusqu'au jour où il m'a vue en compagnie d'un autre garçon. Déclic. Et, en même temps, le revoir m'a énervée. Lâcher la barque et puis revenir comme une fleur, ça rime à quoi ? Je ne suis pas un jouet. Comment a-t-il pu me laisser comme ça, dans cet état ? Peut-être m'en voulait-il…*

Quelque part comme moi je m'en veux, aussi...

-La culpabilité ne te fera pas avancer. Lâche donc prise. Tu surestimes le contrôle que tu as pu avoir sur la situation, si seulement il y avait possibilité d'avoir le contrôle là-dessus... Tu t'automutiles mentalement, ma chérie.

Sur le pas de la porte de la chambre, Brielle regardait sa fille se perdre dans ses pensées et se noyer dans ses larmes. Elle aurait tant voulu pouvoir y changer quelque chose, l'apaiser, lui prendre un peu de sa tristesse.

-Tu lis dans mes pensées, maintenant ?

-Je suis ta mère. J'écoute tes silences.

-Maman... Si tu savais comme je m'en veux...

-Mais pourquoi ? Tu n'aurais rien pu faire d'autre, ma chérie.

-Bien sûr que si ! J'aurais pu prendre une autre route. Mais non ! Il a fallu que je choisisse les petites routes de campagne. Pourquoi ? On n'en sait rien. J'aurais pu ne pas prendre Hugo avec moi, ce jour-là. Mais non ! Je l'ai pris, pensant qu'une promenade en voiture lui ferait du bien. Tu parles ! Qu'est-ce qu'un bébé se fout bien d'être coincé dans un siège, enfermé dans une voiture, seul à l'arrière et ne voir rien d'autre que ses pieds ! J'aurais pu rester tranquillement à la maison. J'aurais pu ne pas prendre cette route et ne pas croiser cet inconscient... Mon bébé serait là. Je l'aurais dans mes bras, jour et nuit. Je lui dirais que je l'aime et il me sourirait...

-Mon trésor... Avec des « si », on referait le monde. Tu ne peux pas changer le passé, c'est impossible. Il est tel qu'il est. Personne n'est capable de réparer le passé, ma chérie. Personne.

-Je veux juste retrouver mon bébé, maman...

-Je le sais, mon ange. Je le sais...

Que dire ? Que dire qui puisse soulager cette tristesse immense et indescriptible que ressentait Sybille ? Elle vivait le pire pour une maman. Perdre son enfant. Son unique enfant. Cette nuit-là, Sybille s'endormit dans les bras de sa mère. Pleurer l'avait vidée de toute énergie. Cette nuit-là, Brielle pleura toutes les larmes de son corps, en silence. Parce qu'il fallait qu'elle tienne pour sa fille. Parce qu'il lui fallait un pilier en béton, un pilier incapable de craquer.

Brielle a toujours été croyante. Et pratiquante quand ça lui semblait nécessaire. Elle ne priait jamais sauf quand elle s'imaginait une grave maladie parce qu'une migraine ne la quittait plus depuis 2 jours ou encore parce que ses intestins refusaient d'obéir. Elle ne priait pas lors des enterrements et n'accompagnait pas, non plus, les paroles du prêtre lors d'un mariage. Mais, depuis le décès du petit Hugo et, surtout, depuis qu'elle avait compris que sa fille nourrissait cette envie de quitter la terre, Brielle s'était mise à prier tous les soirs. Tantôt elle priait pour que Stephan revienne et que l'amour renaisse, tantôt elle priait pour qu'un ange gardien s'adresse directement à sa fille. C'est, en tout cas, ce qu'elle avait vu dans des films à l'américaine, ceux qui passaient régulièrement les après-midis, à l'approche de Noël. Le héros principal priait et son souhait se réalisait quelques jours plus tard. Bien qu'elle était rêveuse et parfois légèrement enfantine, Brielle n'était pas crédule. Cependant, elle n'avait rien à perdre à demander de l'aide de ce côté-là. Tout soutien, aussi fou fût-il, était le bienvenu…

…

Quand Sybille se réveilla, ce matin-là, le petit voyant bleu de son téléphone clignotait. Elle avait plusieurs messages qui attendaient d'être lus. Le premier venait de sa tante qui souhaitait savoir comment se portait sa nièce. Le second venait de Stephan. Le troisième aussi.

« J'aimerais continuer la conversation que nous avons à peine pu commencer, hier. Rejoins-moi au Tambien, à 19h. On y mange super bien et, on sera au calme. Viens, s'il te plaît. »

« Et, j'oubliais, laisse la colère à la maison et prends l'écoute avec toi. Elle est tellement plus sympa, celle-là… Bisous. »

Sybille soupira. Elle n'avait aucune envie de remettre ça. Elle remonta la couette jusqu'à ses oreilles et ferma ses yeux. Au fond, de quoi avait-elle réellement envie ? *Je ne sais pas. Je ne sais plus.* Elle soupira puis sortit de son lit. Elle s'habilla rapidement, enfila ses chaussons et sortit dans le jardin. Celui-ci était bien plus grand que toute la superficie de la maison. La pelouse était fraîchement tondue ce qui encouragea Sybille à se mettre pieds nus. La rosée du matin glaçait ses pieds et lui donnait l'impression d'être bien ancrée au sol. Ce n'était pas désagréable. Le soleil se levait, il fallait donc parcourir une trentaine de mètres pour ne plus être à l'ombre. Il faisait frais et silencieux. Bien que la verdure commençait à perdre de sa couleur estivale, ici, tout était beau et harmonieux. Ses parents avaient fait de ce jardin, un petit coin de paradis. Le jardin était entouré d'une haute haie de laurier bien entretenue et était composé de différentes sortes d'arbres et arbustes. Des arbres fruitiers, son père en avait planté six différents. Un pommier dans le fond à gauche, un abricotier dans le fond à droite. Le repaire des guêpes, en été. Un gigantesque cerisier ornait le centre du jardin. Avec ses branches et ses feuilles, il avait un diamètre de sept mètres. Un citronnier accueillait ses visiteurs à l'entrée du jardin. Un noisetier longeait le mur de la cabane à outils et, enfin, un magnifique cognassier fleurissait, au centre, à une dizaine de mètres du cerisier. Sans oublier toutes les fleurs que Brielle plantait depuis des années. Ce jardin était si beau qu'il avait, à plusieurs reprises, gagné au concours de beauté de sa catégorie, dans la région. C'était ici que Sybille avait grandi. Peu importe le temps. Sous la pluie, sous la neige, en pleine canicule, elle passait tout son temps à l'extérieur. Ici ou en forêt, avec son père, avant qu'il ne disparaisse en Afrique. Plus jeune, Sybille imaginait ses enfants gambader à leur tour, dans ce paradis de verdure. Mais, c'est au Paradis blanc que son petit gambadait, désormais. *Et si tu étais là, près de moi, autour de moi ? Et si tu me voyais et m'entendais ? Peut-être qu'à force de m'enfermer, je ne vois pas les signes que tu m'envoies… Peut-être es-tu dans les rayons de soleil qui submergent mon visage. Peut-être es-tu dans le vent qui caresse ma peau. Peut-être les chants des oiseaux sont l'écho de tes rires, là-haut… Est-ce que je tente de me rassurer ? Sans doute. Y a-t-il réellement quelque chose après la mort ? C'est tellement beau d'y croire…*

Il était déjà 17 heures quand Sybille se souvint de son rendez-vous au restaurant. Brielle était toute excitée à l'idée que sa fille retrouve son beau-fils.

-Qu'est-ce que tu vas porter ?

-Je ne sais pas, maman… À vrai dire, je m'en fiche un peu. Ce jean fera l'affaire.

-Sybille ! Tu ne vas pas mettre un pantalon pour dîner au Tambien ! Voyons ce que tu as dans tout ce bazar…

Sybille ne comprenait pas l'engouement de sa mère. Ce n'était pas un rancard. C'était une simple soirée qui se finirait probablement en règlement de comptes. Sybille présenta une tenue basique à sa mère et décréta que c'était ainsi qu'elle se rendrait au rendez-vous. Si bien que, deux heures plus tard, c'est dans une robe moulante et ridicule à souhait que Sybille débarqua au Tambien.

Stephan lui tira la chaise.

-Tu es vraiment jolie, Sybille.

Elle ne répondit pas, elle savait que c'était faux. Il était impossible d'être belle dans une robe bleue, boule à facettes. Par contre, lui, était très élégant. Il se fondait parfaitement dans le décor du restaurant espagnol, vintage et chic à la fois. Le serveur prit leur commande et s'éloigna.

-Pourquoi m'as-tu fait venir ici ?

-Tu n'aimes pas l'endroit ?

-Si. Mais, ce n'était pas la question.

-Il faut qu'on parle, Sybille. On ne peut pas rester dans cette situation indéfiniment.

-Tu es parti. J'estime être extrêmement généreuse en acceptant de discuter avec toi. Mais, crois-moi, si ma mère ne m'avait pas poussée à venir, je ne serais pas là, à l'heure qu'il est.

-Je n'en doute pas… Excuse-moi d'être parti comme ça…

-Si tu crois que c'est de cette manière que je vais accepter tes excuses et passer l'éponge.

-Pardonne-moi, s'il te plaît. Tu sais bien que c'est pas mon fort de parler de mes sentiments.

-Pourquoi tu as fait ça, Stephan ? Pourquoi tu m'as laissée au moment où j'avais le plus besoin de toi ? Pourquoi ? Tu sais comme je me suis sentie seule et abandonnée ?

-Je m'en veux tellement. Je suis sincèrement désolé de ce que je t'ai fait subir… Cette tristesse, tout le temps… Je n'en pouvais plus. Je n'y arrivais plus. Tu pleurais tout le temps, ce qui est normal, bien sûr, et je m'en voulais de ne pas pleurer comme toi. Tu avais besoin d'un soutien et je n'étais pas capable d'être cet homme que tu attendais que je sois. J'étais tellement… bouleversé. J'étais persuadé qu'à mes côtés tu sombrerais… J'ai préféré m'éloigner, un peu…

-Stephan, c'est normal d'être triste et anéanti. Ce qui nous est arrivé ne se produit pas dans chaque famille de la planète. Mais, dans ce malheur, nous étions deux. Nous devions rester ce duo. Tu estimes avoir fait le bon choix ? Car le choix que tu as fait ne m'as pas aidée. Bien au contraire. La vie est devenue plus insupportable encore pour moi. Tu te rends compte qu'il y a deux jours j'étais sur un pont et que j'envisageais de me jeter ?

-Nom d'un chien, Sybille… Tu m'aurais achevé.

-Je suis déjà morte, de toute façon…

-Non, tu ne l'es pas. Tu es éteinte, oui. Comme une maman qui a perdu son enfant. Et je vais t'aider à raviver cette étincelle dans ton cœur. Elle est là, quelque part et ne demande qu'à briller à nouveau.

-Stephan, nous ne sommes pas au même niveau… Tu sembles déjà bien plus loin que moi. Le Canada semble te réussir. Je ne serai plus jamais heureuse, Stephan.

-Viens avec moi. On sera bien là-bas, toi et moi.

-Ma vie est ici. Moi, ma mère et mon fils. Sa tombe est ici. Je ne le quitterai pas.

Stephan était incapable de rajouter quoi que ce soit. Il savait que le processus de deuil était différent pour tout le monde et qu'il devait laisser du temps à Sybille. Il regrettait de l'avoir laissée. Et il était persuadé que son état serait différent s'il était resté à ses côtés. Le reste du repas se fit en silence. Un silence tendu, désagréable et probablement indigeste. Si bien qu'aucun d'eux ne prit de dessert. Stephan paya l'addition et Sybille le remercia pour le dîner. Elle regagna sa voiture avec un goût amer. Sur la route pour la maison, son téléphone bipa.

Message de Stephan.

« Je repense à ce que tu m'as dit. Et je me suis rappelé d'une phrase. Lis ça. Quand tu me manques, je mets la main sur mon cœur et je ferme les yeux. Car c'est le seul endroit où tu existeras toujours. Sybille, Hugo n'est pas dans une petite boîte. Hugo est en toi, en nous, en tout. »

Sybille préféra s'arrêter en chemin. Il faisait déjà nuit. La lune était au trois-quarts pleine et illuminait les alentours. Le ciel était parsemé d'étoiles. Sybille trouva ce spectacle magnifique. Inconsciemment, elle plaça sa main sur son cœur. Cette soirée avait été riche en émotions et elle ne savait pas vraiment quoi en penser. Elle n'était pas certaine de pouvoir en tirer quelque chose de positif. Stephan semblait vouloir faire son retour dans sa vie. Mais, au Canada. Et Sybille campait sur ses positions, elle ne partirait pas à l'autre bout du monde en laissant toute sa vie ici. *La nuit porte conseil. Il vaut mieux que je rentre me coucher.*

...

Ce matin, Sybille était concentrée sur son ordinateur. Durant la nuit, elle avait réfléchi, cogité, ruminé. Alors elle s'est lancée dans une recherche un peu folle, sur le net. La jeune femme cliquait tantôt en haut, tantôt en bas. Une fois à gauche, deux fois à droite, fronça les sourcils, ouvrit la bouche puis la referma. Elle ne prenait pas cette histoire vraiment sérieusement, mais, elle préférait tout de même regarder. Par curiosité. « Comment extraire un cercueil et le transporter dans un autre pays ». Sybille cliqua sur l'onglet « Prix ». *Ah, oui, quand même…* Puis, elle referma l'ordinateur. Le Canada, c'était beau mais c'était loin. Si c'était la vie que Stephan voulait, alors il devrait faire sans elle. Transporter le corps de son petit garçon lui coûterait un bras. Et puis, elle n'avait aucune envie de déménager. *Je ne sais même pas pourquoi j'ai regardé ça, d'ailleurs. C'était stupide. Les idées de la nuit sont les plus folles…*

Percevant du bruit venant de la cuisine, Sybille sortit de sa chambre. Brielle préparait un petit-déjeuner à l'américaine.

-Alors, il a pensé quoi de ta robe ?

-Je t'en prie, on s'en fiche de cette robe. Il veut que je parte avec lui au Canada.

-Au Canada ? Mais, c'est...

-Loin. Et il est hors de question que je m'en aille.

Sans en ajouter davantage, Sybille rejoignit sa mère derrière les fourneaux. Lorsqu'elles étaient adolescentes, Sybille et Joséphine se mettaient au travail dès le matin. Entre elles, la préparation du petit-déjeuner était une véritable compétition. Brielle devait juger, non sans humour, lequel des deux plats était le meilleur. C'était une compétition amicale, pleine de fous rires et de chamailleries. Ce qui amusait toujours leur mère, fière d'avoir eu deux filles heureuses et bienveillantes l'une envers l'autre et de les avoir élevées seule. Brielle était nostalgique quand elle se remémorait ces belles années. Désormais, ses filles avaient bien grandi. Joséphine était avocate et s'était redirigée sur Paris. Elle essayait de rendre visite à sa mère une fois par mois, suivant son planning surchargé. Et, Sybille travaillait également pour un cabinet d'avocats. Mais elle n'avait pas voulu poursuivre de grandes études. Elle voulait fonder une famille avec Stephan et avait préféré enchaîner des petits boulots, jusqu'à atterrir dans ce cabinet. Un jour elle était serveuse dans un bar branché, un autre jour elle travaillait dans une imprimerie et encore un autre, elle était conductrice de petits engins de chantier. Papillonner de job en job lui plaisait bien à l'époque, elle voyait du monde différent chaque jour et elle gagnait en expériences.

-J'aimerais travailler au jardin, aujourd'hui. Tu voudrais le faire avec moi ?

-Pourquoi pas. Veux-tu que j'aille chercher de l'engrais pour les plantes ? Je dois, de toute façon, aller au cimetière. C'est à cinq minutes du magasin.

-Excellente idée, ma chérie.

Sybille avait bien compris ce qui se passait dans la tête de sa mère. Elle voulait occuper les journées de sa fille, espérant qu'elle pense à autre chose et qu'elle ne se morfonde pas plus encore dans son chagrin.

Sybille décréta qu'elle achèterait une fleur pour son fils, elle se rendrait au cimetière sur le chemin du retour. Sur la route pour la jardinerie, son téléphone bipa. Message de Stephan.

« As-tu réfléchi à ma proposition ? »

Sybille éteignit son portable. Elle n'avait aucune envie d'être dérangée par Stephan et ses idées folles. S'il ne pouvait pas respecter son choix, il n'avait qu'à retourner seul au Canada.

Arrivée à la jardinerie, Sybille fut véritablement étonnée du tableau qui s'offrait à elle. Ils avaient misé gros sur la décoration. De véritables palmiers souhaitaient la bienvenue aux clients, des fontaines et des cascades s'écoulaient en permanence. On pouvait entendre les vocalisations des oiseaux sorties de baffles bien dissimulés. Une véritable jungle où chaque plante, chaque objet quel qu'il soit pouvait être acheté. Un allergique-asthmatique se serait effondré au bout de deux mètres. Sybille choisit une petite fleur rose dont elle ne connaissait pas le nom. Ce n'était pas important. Elle était petite et mignonne. Comme Hugo. Elle prit de l'engrais pour sa mère, flâna entre les rayons arborés aux senteurs délicieuses, et fila à la caisse, payer ses achats.

Sybille se gara près de la grille et prit sa petite fleur rose. Elle pénétra dans le cimetière non sans appréhension. Elle n'avait jamais aimé ce genre d'endroit. C'était sinistre, lugubre et triste. Qui pouvait bien aimer se rendre dans un cimetière ? L'endroit choisit pour son fils n'était encore qu'un tas de terre recouvert d'une bâche noire, elle-même recouverte de fleurs, de babioles de la famille et d'une photo du bébé et de ses parents. Sybille déposa sa fleur et prit le petit cadre. Cette photo représentait exactement ce qu'ils ont pu être. Stephan souriait et regardait son fils avec tendresse. Sybille avait la bouche grande ouverte et les yeux fermés car, à ce moment-là, elle rigolait. Hugo faisait une grimace inconsciente. Une photo prise sur le vif, capturant un instant de bonheur parmi tant d'autres. Une goutte d'eau glissa le long de la paroi en verre. Sybille essuya maladroitement ses yeux. *Cette photo, c'est nous. C'est notre famille. C'est notre monde à nous.* Soudain, Sybille se mit à pleurer bruyamment, de plus en plus fort.

-Pourquoi ? Pourquoi nous ? Dieu, si tu existes vraiment, pourquoi tu m'as fait ça ? Tu peux me le dire ? Pourquoi tu m'as enlevé mon fils ? Je te déteste ! Tu m'entends ? Je te hais, je hais cette vie, je hais ma vie ! Tous les soirs, j'ai peur de devoir aller dormir, tous les matins j'ai peur de devoir me réveiller et de constater que mon bébé n'est pas dans son lit...

Sybille sanglotait, agenouillée sur le gravier. Lorsqu'une main se posa sur son épaule.

-Dieu n'a pas décidé de t'enlever ton enfant. Parfois, il y a des choses injustes et incompréhensibles qui nous arrivent. Chercher à comprendre pourquoi revient à se torturer mentalement. Il faut apprendre à se laisser du temps. Dans cette dure épreuve, le temps sera ton meilleur ami. Lâche prise, accepte tes sentiments, permets à tes émotions de s'exprimer et ne cherche pas à tout contrôler, tu pourrais passer à côté de ta vie…

La main se retira doucement telle une caresse et Sybille rouvrit les yeux. Elle souhaitait offrir ne fût-ce qu'un sourire à cet homme qui s'était approché sans un bruit mais, lorsqu'elle se retourna, elle ne vit personne. Elle se redressa rapidement et comprit qu'elle était seule dans le cimetière. *C'est pas possible… Je suis sûre de l'avoir bien entendu ! Ce n'est quand même pas Dieu qui me parlait ? Non, impossible. De un, je suis sûre à 80 pourcents qu'il n'existe pas et de deux, il y avait bien une main sur mon épaule. Il vaudrait mieux que je rentre.*

Sybille embrassa la photo et la plaça contre son cœur quelques secondes. Puis, elle la remit à sa place et se dirigea vers sa petite Micra bleue.

Assise sur le siège conducteur, la jeune femme prit le temps de respirer calmement avant de démarrer. Encore un événement qui venait de se produire et dont elle était incapable d'en définir l'origine. Elle alluma son téléphone et attendit que l'écran d'accueil s'affiche. Un message. Brielle.

« Tout va bien, ma chérie ? »

Merde, maman…

Sans le vouloir, en essayant de ranger son téléphone dans son sac, son doigt fit quelques fausses manœuvres sur l'écran tactile. Sybille voulut verrouiller son portable lorsqu'elle découvrit le petit onglet internet ouvert. C'était visiblement un jeu qui avait comme titre : « Lâcher prise : citez 10 mercis que vous voudriez dire à une personne qui vous est chère. » Sybille rigola nerveusement de la coïncidence puis, rangea son téléphone. Tout en roulant vers la maison, elle décida tout de même de se prêter au jeu. Elle n'avait rien à y perdre et personne ne saurait qu'elle l'avait fait. *Une personne qui m'est chère, c'est facile, c'est maman. Dix mercis… Eh bien, je commencerais par la remercier d'être ma mère. Je n'aurais pas souhaité avoir une autre mère. Grâce à elle je suis une femme de caractère qui ne se laisse pas faire. Elle a été un véritable exemple pour moi durant toute mon enfance. Mon deuxième merci serait… Merci de me soutenir chaque jour. Plus que jamais j'ai besoin de sa force et de son amour. Et elle reste. Mon troisième… Merci d'avoir été à mes côtés quand j'ai choisi une voie différente de celle de ma sœur. Personne n'a su comprendre mon choix, sauf elle. Elle l'a accepté comme elle a pu accepter chacune de mes décisions. Merci de me faire à manger. Ça peut paraître ridicule mais, moi, je ne sais pas cuisiner. Je suis capable de me provoquer des indigestions et des remontées acides avec une simple omelette. Alors, merci de me faire à manger. La cuisine de sa maman est toujours la meilleure. Merci aussi de n'avoir jamais fait de différences avec Joséphine. Nous avons toujours été à l'opposé, elle et moi, mais nous restions néanmoins complémentaires. Donc, merci de ne pas avoir fait de différences et ne de ne pas avoir instauré une certaine rivalité entre nous qui aurait très certainement détruit notre sororité. Mon sixième merci serait… Merci de m'avoir laissé du temps avec papa. Malgré vos problèmes, que vous gardiez pour vous, tu ne m'as jamais fait sentir déloyale envers toi si, par moments, je privilégiais mon temps avec lui. Alors, merci, maman. Merci aussi de m'avoir transmis cet amour pour la nature. Papa y était aussi pour beaucoup mais toi, tu m'apprenais les fleurs, tu m'apprenais les baies, tu m'apprenais les arbres. Je t'en serai éternellement reconnaissante. Merci de m'avoir rendue fière d'être une femme. Tu m'as tout de suite montré comment une femme devait se battre pour qu'on l'écoute dans cette société principalement dominée par des hommes engourdis. Tu m'as donné l'exemple, tu m'as rendue plus forte et déterminée. Tu m'as aidée à me sentir fière de moi, à sentir que j'avais de la valeur. Enfin, merci d'être toi. Cette femme, cette épouse, cette maman, cette grand-mère extraordinaire. Tu es intelligente et tellement cultivée comme tu peux être gaga, immature et souvent fatigante. Tu sembles avoir 36 personnalités et, c'est ce qui te rend unique. Tu es têtue, bornée, quand tu commences quelque chose, tu vas jusqu'au bout. Tu as le cœur sur la main, tu as sans aucun doute été un ange pour bon nombre de personnes. Tu es bienveillante avec tout le monde, toujours souriante, chaleureuse, accueillante, avenante. Pour tout ça, je ne te remercierai jamais assez. Tu es mon pilier, sans toi, rien ne fonctionnerait. Merci, maman.*

Sybille s'était prise au jeu et son monologue avait duré quasiment vingt minutes. Une chose était sûre, elle se sentait bien mieux lorsqu'elle arriva Rue des Arbustes.

Sybille rejoignit sa mère, déjà attelée au jardin et, déposa son sac de quinze kilos d'engrais.

-Je suis contente de te voir, ma chérie. Au boulot ! On a toute une allée à replanter.

Les deux femmes s'assirent à même le sol, une pelle dans la main droite, la gauche dans la terre. De dos, elles étaient presque identiques. Un inconnu qui aurait traversé le jardin aurait été incapable de préciser laquelle des deux était la mère et vice-versa. Leurs cheveux châtain foncé étaient enroulés en un haut chignon déstructuré. Leur dos s'arrondissait de la même manière et les mains s'agitaient à vive allure. Elles étaient totalement synchronisées. L'espace d'un instant. Sybille aurait voulu que le temps s'arrête.

…

C'est en sueur que Sybille se réveilla, cette nuit-là. Ce cauchemar, elle le faisait régulièrement. Hugo était dans son siège lorsqu'un camion les retourna. Ou encore, un avion qui se crashait sur eux, ou un pont qu'elle ne pouvait éviter. L'histoire se répétait et elle n'en pouvait plus. Elle s'assit sur le bord de son lit, attendant que la crise de panique se calme d'elle-même.

-N'as-tu jamais pensé à en parler à quelqu'un ? Il n'y a pas de honte à consulter un thérapeute…

-Messmer… Il y avait longtemps…

-Il me semblait t'avoir parlé au cimetière, pourtant… Je n'ai plus vraiment la notion du temps.

-Au cimetière ?

Non, c'était impossible. Il y avait quelqu'un. Je veux dire, une personne physique. J'ai senti une main sur mon épaule ! Je ne suis pas folle ! Non, non, non... Je ne suis pas folle.

-Je te rassure tout de suite, non, tu n'es pas folle.

Là, je rêve. Je vais me réveiller, c'est sûr. Réveille-toi, Sybille ! Allez... Cette voix n'est pas dans ma tête. Ce n'est pas moi qui l'invente. Quelqu'un me ferait-il une blague ? Ce serait de très mauvais goût. Sybille enfila son peignoir et ses chaussons et sortit de la maison. Vingt minutes plus tard, Stephan la rejoignit sur le seuil de la porte.

-J'ai fait aussi vite que j'ai pu.

-Je constate...

Stephan avait un accoutrement similaire à celui de la jeune femme. Il lui tendit un thermos et retourna dans sa voiture pour prendre deux tasses.

-J'ai fait du thé à la camomille.

Il remplit les tasses et en proposa une à Sybille.

-Je suis désolée de t'avoir réveillé… J'ai fait un cauchemar et je…

-Moi aussi, j'ai fait un cauchemar. Tu ne m'as pas réveillé.

-Tu dors où, d'ailleurs ?

-Dans un petit hôtel à une demi-heure d'ici.

Ils s'assirent par terre et regardèrent le ciel.

-Tu crois qu'il nous regarde de là-haut ?

-Je le crois, oui.

-Qu'est-ce qu'il doit penser de nous ? Regarde ce qu'on est devenu…

-Il doit penser qu'il a des parents qui l'aiment et qui font de leur mieux pour supporter son absence.

Sybille éclata en sanglots et se laissa bercer par les bras de son ex-compagnon. Stephan était content que Sybille l'ait appelé. Il rêvait de le faire mais il ne voulait pas la perturber davantage. Il l'aimait profondément même s'il avait pu en douter ces derniers temps. Leur couple n'en n'était peut-être plus un, pour le moment. Mais, il se fit la promesse de rétablir leur relation, petit à petit. La mort de leur bébé les avait profondément atteints. Tandis que Sybille avait préféré rester, s'accrochant à tout ce qui avait un rapport avec Hugo comme si le fait de vivre là le gardait vivant, Stephan, lui, avait ressenti le besoin de partir, de fuir cette situation insupportable. Sa manière de réagir avait été bien différente de celle de sa femme mais la tristesse était toute aussi profonde et lui semblait insurmontable. Mais, une fois arrivé dans la forêt boréale du Canada, Stephan s'était senti renaître. Un sentiment de paix intense l'avait aussitôt envahi. Il avait immédiatement compris que sa place était là. Fuir au Canada lui avait permis de vivre l'instant présent. Bien sûr, il n'avait pas banalisé son passé et encore moins oublié la mort de son fils, il avait juste compris qu'il devrait apprendre à vivre avec. Pour lui, Hugo était partout avec lui. Il était la grandeur des pins tout autour de lui, il était le parfum délicat de la forêt, il était la profondeur du lac qui longeait son chalet, il était la paix de cet environnement retiré du reste du monde. Il n'avait évidemment pas oublié Sybille, non plus. Mais il avait eu besoin d'une pause. Une pause générale. Se retirer pour prendre du recul et faire le point sur tous les aspects de sa vie. Cette retraite solitaire lui avait fait tellement de bien qu'il voulait en faire profiter Sybille. Il espérait pouvoir s'installer au Canada en compagnie de sa femme. Il était convaincu que vivre au milieu des arbres, en communion avec la nature et déconnectés du monde lui ferait autant de bien qu'à lui. Mais, tellement absorbé par son projet, il avait oublié que chaque personne pouvait réagir différemment face à la perte d'un enfant. Lui et Sybille étaient à un stade différent du deuil.

-Dis, est-ce que tu crois en Dieu, toi ? C'est un sujet dont on n'a jamais discuté.

-Oui, je pense. En tout cas, je crois en une force supérieure à nous, les humains et, invisible pour ceux qui préfèrent se voiler la face.

-Elle serait invisible pour l'homme ?

-Pour ceux qui ne veulent pas assumer le fait qu'ils sont petits face à elle. Quand je pense à un dieu ou une force supérieure, je pense à la nature. Qu'y a-t-il de plus puissant que la nature ? Je pense aux énergies que nous ne voyons pas mais que nous pouvons percevoir si on s'ouvre un peu. S'il n'y a pas de Dieu, il y a, en tout cas, une force spirituelle bien existante, plus forte que nous. Peut-être une sorte d'amour inconditionnel que nous ne connaissons pas sur terre. Et, toi ? Tu crois en Dieu ?

-Non. Enfin, je ne sais plus... Tu crois que c'est possible qu'il nous parle ?

-Apparemment, certaines personnes l'auraient entendu. Mais, encore une fois, pour moi, c'est surtout la nature notre Dieu. Et je ne pense pas qu'elle parle notre langue.

Sybille rit et bu une gorgée de son thé désormais refroidit. Elle n'osait pas dire à Stephan qu'elle entendait un homme lui parler. Il l'aurait prise pour une folle, elle en était certaine. Mais comment expliquer cette voix qu'elle entendait souvent, depuis quelques jours ? Une chose était sûre, cette voix masculine ne lui voulait aucun mal. Au contraire, elle la conseillait et la réconfortait. Sybille décida de remettre ses questions sans réponses à plus tard. Elle voulait profiter un peu de ce moment. Stephan était là et elle n'avait plus envie de réfléchir. Elle regrettait le couple qu'ils formaient avant l'accident. Elle le trouvait ridiculement beau dans son pyjama à carreaux mais lui en voulait toujours d'être parti.

-Pourquoi le Canada, Stephan ?

Il n'eut pas besoin de réfléchir longtemps avant de lui répondre.

-Parce que c'est beau. Parce que c'est loin. Parce que l'air est tellement bon, les gens sont accueillants et ne te posent pas plein de questions quand tu débarques. Le chalet est en plein milieu de la forêt et il surplombe un lac gigantesque. La vue est époustouflante.

-Le chalet de ton oncle ?

-Oui, c'est ça. D'ordinaire, il est loué pour l'automne. Mais ma famille a fait une exception pour moi.

-Comment tu fais, Stephan ? Je veux dire… Comment tu arrives à vivre ?

-Je me suis rendu compte que je devais apprendre à vivre avec la mort de Hugo. Rien ne me le ramènera… Alors, je me suis mis à écrire. Ça soulage, je mets des mots sur mes émotions. Je coupe du bois aussi. Ça me défoule. Et j'ai mes petits bonheurs de la journée.

-Tes petits bonheurs de la journée ?

-À la fin de la journée, j'énumère dix petits bonheurs qui m'ont fait du bien. Comme par exemple aujourd'hui, j'ai savouré un délicieux café cubain à mon hôtel, je me suis prélassé dans un bain à remous. Oh, je te raconte pas comme c'était bon ! J'ai lu un bon bouquin psychologique, ou encore, je me suis baladé dans la merveilleuse boutique d'une fleuriste uniquement pour voir les couleurs des fleurs. Tout ça, ce sont mes petits bonheurs de la journée. Ça me permet de lâcher prise et ça fait du bien.

-Lâcher prise… J'ai l'impression d'entendre ça partout et de la bouche de tout le monde…

-Peut-être que c'est un signe pour que tu réagisses.

Il était environ quatre heures du matin lorsque Sybille et Stephan rejoignirent leur logis respectifs. Elle était contente de l'avoir appelé. Après ce mauvais rêve, elle avait ressenti le besoin de parler à quelqu'un et il était hors de question de réveiller sa mère, à nouveau. Le seul à pouvoir la comprendre était celui qui partageait ses sentiments. Car c'était leur bébé à eux.

...

Sybille n'avait dormi que quelques heures. Elle était fatiguée mais n'avait aucune envie de se recoucher. Elle se rua dans la cuisine et mit en route la machine à café. Cette dernière fit un bruit de tracteur au démarrage. *Bon sang ! Si maman ne se réveille pas avec ça...* Et, comme elle l'avait imaginé, Brielle fit son apparition dans la cuisine, trente secondes plus tard, tel un zombie. Elle embrassa sa fille et se glissa sur une chaise.

-Tu te lèves bien tôt, ma chérie. Tu as quelque chose de prévu, aujourd'hui ?

-Oui. Une petite voix m'a conseillé de consulter. J'avoue n'avoir jamais vraiment apprécié les psys. Mais, je crois que je deviens folle. Et j'en ai marre de faire ce même cauchemar toutes les nuits. Il me rappelle mon impuissance…

-Oh, trésor…

-Je voudrais faire de beaux rêves. Rêver de mon petit, le toucher, l'embrasser. Pouvoir ressentir tout ça dans mes rêves et en garder de douces traces quand je me réveille. Mais à la place, je me réveille en pleurs, en crise parce qu'un avion nous tombe dessus, ou qu'un pont s'effondre sous nos pieds… C'est un enfer, maman… Je n'en peux plus.

-Je pense que voir un thérapeute est un très bon moyen de se décharger un peu. C'est une bonne idée et sache que je te soutiens à cent pourcents.

Sybille prit un rendez-vous en urgence, enfila ses bottes et son manteau et sauta dans la Micra.

Quelques heures plus tard, c'est dans un état plus ou moins second qu'elle sortit de chez le psychothérapeute. Un homme très charmant et souriant l'avait accueillie dans un petit bureau aux murs bleu foncé et aux fauteuils blanc écru. Une table au milieu, une boîte de mouchoirs en papier mise en évidence. Tout portait aux confidences, aux déclarations souvent bien trop douloureuses que pour être portées par deux petites épaules. Mais Sybille en était sortie légèrement déçue. Elle espérait qu'il lui trouverait une solution miracle pour ses cauchemars, au lieu de ça, il préféra en analyser la cause et lui expliqua qu'il lui faudrait beaucoup de temps avant que ces reviviscences ne se calment.

-Beaucoup de temps ? Ça veut dire combien ?

-Ça dépend des personnes. C'est une partie presque obligatoire du deuil. Surtout que vous avez vécu cet accident. Généralement, ça prend des années. C'est le travail de toute une vie.

Ensuite, il l'avait redirigée vers une sophrologue. Sybille ne connaissait pas très bien ces métiers qualifiés de « médecine parallèle » bien qu'elle avait déjà entendu ce terme quelque part. Elle décida de s'arrêter dans une librairie un peu plus bas. « Lecture gourmande » était une librairie-café. On pouvait y lire un livre tout en dégustant une boisson chaude comme on pouvait acheter un bouquin et repartir tout de suite. Sybille décréta qu'elle se poserait là une bonne partie de l'après-midi. L'ambiance du café était accueillante et chaleureuse. Les murs n'étaient que de hautes et longues bibliothèques. Les tables étaient rondes et invitaient au partage et à la convivialité. Sybille trouva cet endroit extraordinaire. Après une bonne heure et demie de pleurs, elle estimait avoir droit à une pause dans cet espace hors du commun. Elle commanda un thé au citron vert et une part de gâteau au chocolat généreusement chargé en coulis de chocolat noir. Autour d'elle, des gens se parlaient, d'autres profitaient d'un moment de solitude en pleine lecture. Les serveuses souriaient et rigolaient tout en étant discrètes. Sybille entreprit de choisir un livre lorsque Messmer fit son entrée.

-Alors, qu'as-tu pensé de ce thérapeute ?

Sybille manqua de renverser sa tasse sur son chemisier rose et eut du mal à retenir le contenu de sa bouche.

-Oh, je ne voulais pas t'effrayer. Je pensais que tu aurais l'habitude, désormais.

-L'habitude ? De parler à un homme invisible ?

Sybille chuchotait. Elle ne voulait pas qu'on la prenne pour ce qu'elle n'était pas. Car, elle n'était pas folle.

-Je suis content que tu acceptes enfin mon existence.

Ai-je vraiment le choix...

-Écoutez, Messmer, j'ignore si vous vous trouvez dans ma tête ou bien si vous êtes près de moi, devant moi, enfin, peu importe.

Mais, s'il vous plaît, je suis dans un lieu public et il est hors de question qu'on me mette à la porte si on me surprend à parler toute seule !

Aucune réponse. J'espère qu'il est parti… Sybille avait évité de confier à son psy l'existence de cette voix. Il était évident qu'il lui aurait proposé une psychanalyse plus poussée et qu'il l'aurait redirigée vers un établissement spécialisé.

Elle flânait dans les rayons sans vraiment chercher à lire quelque chose en particulier. Quand un titre l'interpella : « Ces voix qui nous guident ». C'était un livre de couleur bleu marine parmi des marrons, des rouges et d'autres tons chauds. Certainement placé là par erreur. Ou pas. Elle le prit en scrutant ses alentours, comme si le simple fait d'avoir choisi ce livre était un crime. Une fois assise, elle but une gorgée de son thé et ouvrit délicatement son ouvrage. C'était l'histoire d'un homme seul et pas heureux qui avait perdu son travail et toutes ses économies dans la ferme de ses défunts parents. Il était au bord du gouffre et estimait sa vie nulle et sans intérêt. *Tiens, il me rappelle quelqu'un, celui-là…* Jusqu'au jour où une voix se fit entendre et l'aida à écouter sa propre voix intérieure. Il s'était d'abord cru fou d'entendre ce que les autres n'entendaient pas puis, il avait compris qu'il n'en n'avait pas le contrôle. Alors il lâcha prise et s'ouvrit à l'amour et à la vie. Petit à petit, ses problèmes qui lui semblaient insurmontables se réglèrent d'eux-mêmes. Sa joie de vivre revenue, il retrouva un travail qui lui plaisait. Une vie paisible l'attendait. Sybille lu pendant environ deux heures sans toucher à son gâteau auquel elle ne pensait même plus. Une fois la lecture terminée, elle referma le livre et décida de l'acheter. Cinq minutes plus tard, elle monta dans la petite Micra en direction de la maison.

-Alors, qu'as-tu pensé de ta lecture ? L'histoire n'était-elle pas similaire à la tienne ?

Sybille soupira. Cette voix n'allait donc pas la laisser tranquille de sitôt. Comme elle était seule et que personne ne pouvait percevoir leur discussion, elle se dit qu'elle n'avait rien à perdre à lui répondre.

-Messmer… Disons que nous avons des points en commun. Mais, il a perdu son travail. J'ai perdu mon fils.

-La vie de chacun est différente. Le malheur de l'un ne sera pas forcément perçu de la même manière chez l'autre. Tu as perdu ton enfant et, pour toi, c'est la pire des situations. Il a perdu son travail et, pour lui, il ne pouvait rien lui arriver de pire.

-Je vois où vous voulez en venir. Est-ce vous qui avez placé ce livre à cet endroit ? Pour que je le lise ?

-Je crois que tu surestimes ma capacité de mouvement, Sybille. Mais, il n'est pas impossible qu'un de mes souffles t'ait poussé jusqu'à lui…

-Pourquoi ? Qui êtes-vous ? Et, que faites-vous avec moi ?

-N'as-tu donc pas lu le livre ? Je pensais que le message était assez clair… Je suis ton ange gardien. Et je viens t'apporter mon aide dans une période qui t'est particulièrement difficile et douloureuse.

-Mon ange gardien… On aura tout entendu. Et qui vous dit que j'ai besoin de votre aide ?

-Toi.

Sybille ne sût plus quoi répondre. Au fond, Messmer avait raison. Elle avait besoin d'aide. Bien qu'elle ne l'assumait pas vraiment jusqu'à présent. Et si, ce Messmer n'était tout simplement pas sa petite voix intérieure qui tentait tant bien que mal de se faire entendre ? Sybille n'y avait jamais prêté attention. Peut-être était-ce son corps qui voulait qu'on l'écoute, désormais. Elle essayait de trouver une raison plus ou moins rationnelle à la soudaine apparition de cette voix masculine rassurante, douce et chaleureuse. Car, il fallait l'avouer, bien qu'elle l'entendait au moment où elle s'y attendait le moins, la voix de Messmer était apaisante et agréable. Tout avait commencé ce soir là, lorsqu'elle voulait se suicider en sautant du pont. Et il fallait bien remarquer que, depuis la première irruption de Messmer, elle n'avait plus une seule fois pensé à se donner la mort.

-Ça vous dérange si je vous appelle par ce nom ?

-Appelle-moi comme tu veux. J'ignore qui est ce magicien du nom de Messmer mais, je trouve ça plutôt charmant.

Et voilà que je parle avec un homme invisible qui se dit être mon ange gardien et qui apprécie son surnom. Là, on frôle la folie, c'est clair. Si je raconte ça à qui que ce soit, on m'enferme illico presto. Qu'est-ce qu'il m'arrive, bon sang ? Je fais peut-être un long rêve. Oui, c'est ça, je dois être en train de dormir et je rêve. Allez, pince-toi pour voir si tu dors.

-Aïe !

C'est catégorique. Je ne dors pas. Je vis bien ce que je suis en train de vivre. Au secours ! Vous connaissez l'émission « Je suis une célébrité, sortez-moi de là ! » ? Si, si, ce jeu télévisé où des candidats plus ou moins connus devaient se lancer dans des épreuves tantôt ridicules tantôt rigolotes et dégoûtantes, dans le but de gagner un maximum d'argent pour une association. Et bien, la célébrité, c'est moi ! Sortez-moi de là !

Sybille prit la deuxième sortie à droite et s'engouffra dans un long chemin de terre. Elle connaissait ce sentier par cœur. Plus jeune, c'était un endroit de plus où son père coupait du bois et où elle l'accompagnait, évidemment. La jeune femme gara sa voiture aux abords de la forêt. Lorsqu'elle en sortit, elle prit une profonde inspiration. Comme si elle avait manqué d'oxygène pendant des heures et que les arbres de la forêt pouvaient la régénérer en quelques respirations. Le bois, c'était son endroit à elle. Elle aimait ses balades solitaires à tout moment de la journée. Le bois c'était vivifiant, enrichissant psychiquement. Elle prit le temps d'admirer le paysage. Il y avait longtemps qu'elle n'avait plus mis les pieds ici. Certains arbres avaient été abattus, d'autres s'étaient imposés et ils en avaient bien le droit. Sybille s'assit sur une grosse pierre et écouta le silence. Ce n'était pas le silence angoissant de la nuit. Ce n'était pas le silence sinistre du cimetière. Ce n'était pas non plus le silence assassin quotidien de sa vie sans son fils. C'était un silence vivant. En fermant ses yeux et en se laissant porter par l'esprit de la nature, Sybille pouvait entendre des grillons non loin d'elle. De l'eau ruisselait quelque part et des grenouilles étaient en pleine conversation. Des oiseaux criaient tantôt à gauche, tantôt à droite. Et puis, il y avait cette odeur. Ce parfum si doux et réconfortant que dégageait involontairement le pin. Sybille ouvrit les yeux et s'enfonça un peu plus dans la verdure. Elle se remerciait d'avoir mis des bottes en partant, ce matin, les tiques se faufilant un peu trop facilement. Guidée par le parfum de plus en plus prononcé des pins, elle fut surprise d'atterrir dans une petite clairière recouverte de fleurs de coucou. L'endroit était baigné par la lumière et le rose des fleurs semblait intensifié. C'était un spectacle époustouflant. Elle préféra ne rien abîmer au tableau et resta là, à admirer ce qu'elle voyait. Quand elle reçut un message de Stephan.

« Alors, tu as réfléchi à ma proposition ? Je dois repartir au Canada plus tôt que prévu...

Mon avion décolle demain matin. Viens avec moi, Sybille. »

Et c'est maintenant qu'il me sort ça ? Quand je suis au milieu des fleurs, quand je trouve un peu de réconfort dans ma forêt, quand je ne pense plus à rien. C'est maintenant qu'il me dit ça ? Comme si je pouvais prendre une telle décision aussi vite... Il n'a pas encore compris que je ne partirai pas sans mon fils.

-Mais, ton fils n'est plus de ce monde, Sybille.

-Oh, tais-toi, Messmer. Tu vas écouter chacune de mes pensées, à chaque fois ? Et tu voudrais que je lâche prise sachant que tu écoutes tout ce que je dis ? Non. C'est non. Je ne partirai pas au Canada. Pour quoi faire, de toute façon ? Laisser ma mère ici ?

-Peut-être est-il temps de lui rendre sa vie...

-Non, je n'abandonnerai personne. Mon fils repose ici. Et sa maman devrait le laisser tout seul dans ce cimetière ?

-Si tu n'es pas prête à partir, ne le fais pas. Mais, encore une fois, Hugo n'est pas au cimetière. Il est avec nous, dans la Lumière. Qui penses-tu donc abandonner ?

-Tout son petit être… Et puis, ma mère sera seule et…

-Brielle n'était-elle pas seule avant ? Et heureuse comme ça ?

Sur ce point, Messmer avait raison. Brielle avait fait le choix de vivre seule et elle ne s'en portait que trop bien. L'arrivée soudaine de Sybille avait sans doute chamboulé un peu sa vie. Bien qu'elle aimait sa fille profondément et qu'elle souhaitait la soutenir un maximum, elle aurait peut-être apprécié pouvoir se concentrer sur elle, aussi. *Pour ma mère, il n'a peut-être pas tord mais pour mon fils…*

-Si ce qui te bloque est l'idée de laisser le corps physique de ton fils ici, il existe des solutions.

Une idée germa alors dans son esprit…

…

-Tu n'es quand même pas sérieuse ?

-Oh que si, maman. Alors, tu me suis ou pas ?

-Ai-je vraiment le choix…

Sybille avait réussi à obtenir l'accord du maire en un seul coup de fil. Et il avait été d'accord d'intervenir immédiatement.

-Faire chanter le maire, ce n'était peut-être pas vraiment ce à quoi je pensais…

-Il n'avait qu'à pas tromper sa femme ! Un jour où l'autre, nos erreurs nous rattrapent. Le malheur de l'un fait le bonheur de l'autre. Elle n'était pas dans votre répertoire celle-ci ? En attendant, si ma mère n'avait pas eu de liaison avec ce goujat, je n'aurais eu aucune autre solution.

Sybille attendait sa mère, partie aux toilettes de l'église. Brielle finit par arriver cinq longues minutes plus tard.

-Maman, c'est quoi cet accoutrement ?

-Ben, quoi ? Ils ne nous croiront jamais si nous ne sommes pas un minimum correctement habillées.

Les deux femmes marchèrent jusqu'à la tombe du petit Hugo. Désormais, un trou béant les accueillit.

-Tu es sûre de vouloir faire ça, ma chérie ?

-Tout ce dont je suis sûre, c'est que sa place est avec sa maman.

Deux hommes en costume vinrent les saluer.

-Nous vous présentons nos plus sincères condoléances et sommes navrés de constater que vous n'êtes que deux dans cette nouvelle épreuve. Nous sommes désolés d'apprendre que l'emplacement initial ait été déplacé sous consigne de Monsieur le Maire. Ce dernier aurait pu, au moins, venir s'excuser en personne mais, ce n'est que mon avis personnel...

Mère et fille échangèrent un regard discret puis suivirent les deux hommes en noir. L'urne d'Hugo se tenait fièrement sur une table en pierre parmi ses effets personnels. Le cœur de Sybille se serra. Celui de sa mère aussi. C'était comme revivre l'enterrement. Sauf que, cette fois-ci, il était hors de question de laisser Hugo ici.

-Nous nous reculons environ une demi-heure avant la remise en terre dans le nouvel emplacement. N'hésitez pas à nous appeler si vous avez la moindre question. Nous sommes un peu plus loin.

Puis, l'homme alla rejoindre son collègue. Brielle ne s'attendait pas à ressentir de telles émotions. Enterrer le bébé de son bébé avait été très difficile à vivre. Sa fille était inconsolable, ce jour-là, et, quelques personnes avaient dû la retenir à plusieurs reprises pour éviter qu'elle ne tombe. Mais, aujourd'hui, c'était différent. Car Sybille n'enterrerait plus son bébé. Non, cette fois-ci, elle repartirait avec lui.

-Maman, couvre mes arrières.

-Oh, Sybille, c'est de la folie…

-On s'en fiche de la folie. Il s'agit de mon fils.

-Les cendres de ton fils, tu veux dire…

-Surveille, maman, s'il te plaît !

Sybille sortit, de son sac, un sachet de congélation hermétique. A l'aide d'un tournevis, elle finit tant bien que mal par ouvrir l'urne. Les cendres de son enfant étaient là. Elles semblaient reposer en paix et Sybille s'en voulait presque de venir tout remuer. Elle prit soin de vider délicatement les cendres dans son sachet sans en renverser à côté.

-Quand ils vont soulever l'urne, ils vont bien se douter qu'elle sera plus légère !

-Je le sais et j'ai prévu le coup.

-C'est quoi dans ce sac ?

-Les cendres froides du poêle à bois récupérées dans les deux aspirateurs de la maison.

-Mon Dieu, Sybille…

Une fois l'échange fait, Sybille replaça le couvercle de l'urne. *Pourvu qu'ils n'y regardent pas de trop près…* Les deux hommes revinrent cinq minutes après le casse du siècle, prirent l'urne et les effets personnels de la tombe et invitèrent les deux femmes à les suivre jusqu'au nouvel emplacement. L'un des hommes commença son discours tandis que l'autre se tenait en retrait. Brielle ne pu contenir ses larmes et c'est en silence qu'elle évacua sa tristesse. Sybille n'eut pas à faire semblant, elle non plus. Bien qu'elle savait qu'ils enterraient les crasses des aspirateurs, elle prenait tout à coup conscience de la mort et son irréversibilité. Son bébé, elle ne le porterait plus jamais dans ses bras, elle ne l'embrasserait plus, elle ne le toucherait plus. Elle ne sentirait plus jamais son odeur de nouveau-né, elle n'admirerait plus son visage d'ange. Elle n'entendrait plus ses rires involontaires, ses pleurs de bébé.

-Mais tous ces souvenirs resteront à jamais gravés dans ton cœur.

Sybille s'effondra sur le gravier et pleura à chaudes larmes. Brielle s'accroupit auprès de sa fille et la serra contre son cœur. Elle finit, elle aussi, par éclater en sanglots.

...

L'heure était aux au revoir. Brielle embrassa sa fille pour la énième fois.

-Je suis si fière de toi, ma chérie. De cette femme merveilleuse et courageuse que tu es. Tu as cette persévérance qui m'impressionne. Tu peux être fière de toi. Ces dernières 24 heures ont été riches en émotion, il faut l'avouer. Nous avons fait des choses que je ne m'imaginais jamais faire un jour. Et, tu sais quoi ? Je l'ai fait avec amour et ça m'a fait du bien. De vivre ça avec toi. Je suis heureuse que tu prennes ton envol. Ces trois mois à la maison ont été durs. Mais nous étions ensemble. Sache que je serai toujours là pour toi. Je suis ta mère et ma porte te sera toujours ouverte. Aujourd'hui, il est temps de te libérer et de retrouver la paix. Ta vie ne sera plus jamais la même mais, tu ne seras plus jamais seule. Lâcher prise c'est apprendre à pardonner et à se pardonner. C'est apprendre à agir et non à réagir. C'est ne plus s'agripper au passé mais, s'ouvrir à l'instant présent. Bon vent, ma chérie. Prends soin de vous. Je vous aime.

Sybille regardait la ville se faire de plus en plus petite à travers le hublot. Quitter sa mère avait été difficile. Mais Messmer avait probablement raison. Brielle avait le droit, elle aussi, de vivre sa vie. Stephan avait atterri au Canada, tôt ce matin. Sybille devait régler certains détails avant de partir, ce qui avait retardé son départ de quelques heures. Tout d'abord, il avait fallu reprendre quelques affaires de chez sa mère. Trouver une ou deux valises dans le fouillis du grenier puis, enfin, commencer à les remplir. Elle avait pris quelques habits, un album photo, son ordinateur portable, quelques livres, son oreiller fétiche et le doudou de son fils. Puis, il avait fallu trouver une astuce pour emporter les cendres d'Hugo sans se faire prendre. Elle avait coupé dans son coussin favori et y avait glissé le sachet de congélation. Et, hop ! Dans la valise. Arrivée à l'aéroport, elle avait prié dans l'espoir que la valise passe sans contrôle.

-C'est la première fois de ta vie que tu pries. Tu retrouves la foi, Sybille. J'en suis ravi.

Et Sybille n'avait pas prêté attention à la remarque de Messmer, toujours bien présent dans sa vie. Ou dans sa tête. Au fond, elle ne savait pas vraiment. Mais une chose était certaine, l'arrivée de ce fantôme-ange-homme invisible, avait chamboulé le cours des choses. Si Messmer n'était pas intervenu, un soir, sur un pont, Sybille serait probablement morte. Il l'avait accompagnée et soutenue, à sa manière. Il lui avait montré la voie et lui avait donné de bons outils souvent discrets mais tellement essentiels. Ce Messmer était peut-être perturbant et intrusif mais, finalement, Sybille lui trouvait quelque chose de mystérieux et charmant et tellement apaisant.

L'avion atterrit dans un bruit insupportable. Sybille imita les autres passagers et mastiqua exagérément un bonbon à la réglisse, distribué un peu plus tôt par une hôtesse de l'air.

Le Canada. Voilà un endroit dans lequel elle ne pensait jamais mettre les pieds, un jour. Pour quoi faire ? C'était loin. C'était différent, inconnu, nouveau.

-Oui mais, il y a Stephan…

-Ça va lui faire un choc. Il s'attendait à ce que je ne vienne jamais.

-Il sera heureux de te voir, tu verras.

-Si vous le dites. C'est vous le magicien, après tout.

Messmer ne réagit pas. Sybille attrapa sa valise, la dernière sur le tapis roulant. Elle espérait que le sachet ne se soit pas ouvert avec toutes les secousses que la valise avait enduré. Mais, ce n'était pas l'endroit pour vérifier. Dans le pire des cas, Hugo se trouvait dans tous les recoins y compris sur les poils de sa brosse à dents. Elle interpella un taxi et déposa ses bagages dans le coffre de la voiture. Elle indiqua l'adresse du chalet de Stephan au conducteur et boucla sa ceinture.

C'était beau, le Canada. Sybille comprit soudainement l'amour de son compagnon pour ce pays. Les gens ne tiraient pas la tête, ici. Ils souriaient et marchaient la tête haute et le buste relevé, fiers de ce qu'ils étaient. Il y avait énormément d'arbres, ce qui n'était pas pour déplaire à la jeune femme. Les routes étaient larges et les villages étaient séparés d'au moins vingt kilomètres à chaque fois. Tout à coup, le taxi s'arrêta.

-Qu'est-ce qu'il se passe ?

-Nous sommes arrivés. Je ne peux pas monter plus haut avec la voiture. Va falloir continuer à pieds !

Le taxi redémarra en trombe, laissant Sybille, sa valise et ses deux sacs sur le bord de la route. *Si on m'avait dit que je devrais faire de l'alpinisme, je n'aurais certainement pas mis des sandales…* Tout en se lamentant sur son sort, Sybille s'engouffra dans les bois. Au loin, elle apercevait le chalet. Il n'était qu'à une centaine de mètres.

-Allez, Sybille, un petit effort. La vue sur le lac est imprenable ! C'est époustouflant.

89

-Ouais... Facile quand on vole.

-Et qui te dit que je vole ?

-C'est pas ce que sont censés faire les anges pour se déplacer ?

Bien qu'elle ne pouvait pas le voir, Messmer lui sourit et ne répondit pas. Sybille était essoufflée mais finit par arriver en-haut du sentier. L'homme invisible ne mentait pas. La vue était magique. Elle n'avait jamais rien vu de tel. Même les photos devant lesquelles elle avait pu baver derrière l'écran de son ordinateur, ne valaient rien comparé à ce spectacle.

-Je n'en reviens pas...

-Sybille ? Mon Dieu, Sybille, tu es venue !

Stephan dévala l'allée du chalet et attrapa sa femme par la taille. Il était véritablement enchanté de la voir ici.

-Stephan... C'est tellement beau... J'en suis toute retournée.

Ce dernier éclata de rire puis souleva la valise.

-C'est bien lourd tout ça. T'y caches un mort ou quoi ?

Sybille déglutit.

-En fait, oui...

...

Comment décrire l'indescriptible ? Il faisait beau. Mais, vraiment beau. Un beau typique de la forêt boréale du Canada. Le chalet était entouré de pins. De gigantesques pins. Sybille les regardait avec les yeux d'un enfant émerveillé devant le plus beau spectacle du monde. Elle pourrait passer sa vie ici. A vivre au milieu de la forêt, à sentir le parfum des pins. C'était un lieu nouveau et qui, pourtant, la ramenait aux plus beaux souvenirs de son enfance. Sur le bord de la falaise qui surplombait le lac, Stephan et Sybille se donnaient la main. Il leur faudrait du temps, beaucoup de temps. Ils le savaient. Mais, ensemble, ils avaient décidé d'avancer. Sybille prit le sachet rempli des cendres de leur petit garçon. Stephan accompagna son geste et souleva le bas du plastique. Hugo était là. Et, Hugo serait toujours là. Parfois, dans les légers remous du lac. Parfois, haut dans les branches des pins. Ici, Hugo pourrait voler avec les oiseaux, il pourrait nager avec les poissons. Sybille était émue. Quelque part elle laissait son bébé s'envoler. Dans un lieu merveilleux.

« C'est aussi accepter que la vie contient la mort et que la mort contient la vie.

C'est savoir, au plus profond de

soi, qu'en fait, rien ne meurt jamais.

Il n'y a pas de mort, il n'y a que des métamorphoses. Tu ne nous as pas quittés.

Mais tu t'en es allé au pays de la Vie,

Là où les fleurs

Plus jamais ne se fanent, là où le temps ne sait plus rien de nous.

Ignorant les rides et les soirs,

Là où c'est toujours matin, Là où c'est
toujours serein.

Tu as quitté nos ombres, nos
souffrances et nos peines. Tu as pris de
l'avance au pays de la Vie.

Je fleurirai mon cœur

En souvenir de toi, Là où tu vis en moi,
Là où je vis pour toi.

Et je vivrai deux fois »

Stephan embrassa Sybille sur le front et se
recula. Sybille laissa couler ses larmes. Ses
larmes de tristesse, ses larmes d'amour, ses
larmes de délivrance.

-Je suis fier de toi, Sybille. Mon devoir
d'ange gardien est désormais accompli.

-Vous n'allez quand même pas partir ? Je
commençais seulement à m'habituer à
votre voix…

-Mais, je serai toujours là, Sybille. Cette paix qui t'entoure viendra nourrir ton cœur. C'est parfois dur d'oublier ce que l'on endure. Lorsqu'on est blessé, c'est difficile de se soigner, les blessures intérieures peuvent nuire au bonheur. Aussi dur que cela puisse être, il est important d'apprendre à lâcher prise pour faire la paix avec soi-même et avec le monde qui nous entoure. Lâcher prise, c'est calmer la rage, devenir plus sage, tenter d'accepter ce qu'on ne peut pas changer et apprendre à s'en détacher. Parle à ton cœur quand tu veux me parler. Car, c'est toujours là où je me trouverai.

Mot de l'auteur :

Ce livre n'est pas un roman mais une nouvelle. Il s'agit donc d'un texte relativement court dans lequel je garde cette écriture simple et fluide de sorte à ce qu'il soit apprécié de tous. « Le parfum des pins » a été écrit en 10 jours avec amour et bienveillance pour un concours sur le thème du lâcher prise. Il est arrivé finaliste du concours mais n'a pas emporté le premier prix. C'est pourquoi j'ai décidé de le partager avec vous, en auto-édition. Dans cette histoire, j'ai choisi de faire vivre Sybille et le terrible deuil de son bébé. C'est un sujet lourd et triste qui me tient particulièrement à cœur. Cependant, il est nécessaire d'apprendre à lâcher prise sans forcément devoir vivre ces douloureuses épreuves. C'est pourquoi, « Le parfum des pins » regorge de trucs et astuces, de conseils dissimulés qui vous aideront à lâcher prise quelle que soit la situation et à vivre l'instant présent. A vous de les découvrir !